Cuentos de Tombuctú

EDICIÓN PATHFINDER

Por Marissa Moss y Janine Boylan

CONTENIDO

Páginas preciosas. *Este antiguo libro es un tesoro invaluable de Tombuctú.*

Cuentos de Tombuctú

Tombuctú está en una carrera contra el tiempo. Hace mucho tiempo, construyó su fortuna en base al oro y la sal. Hoy en día, la ciudad está tratando de rescatar un tesoro incluso mayor de su pasado.

por Marissa Moss

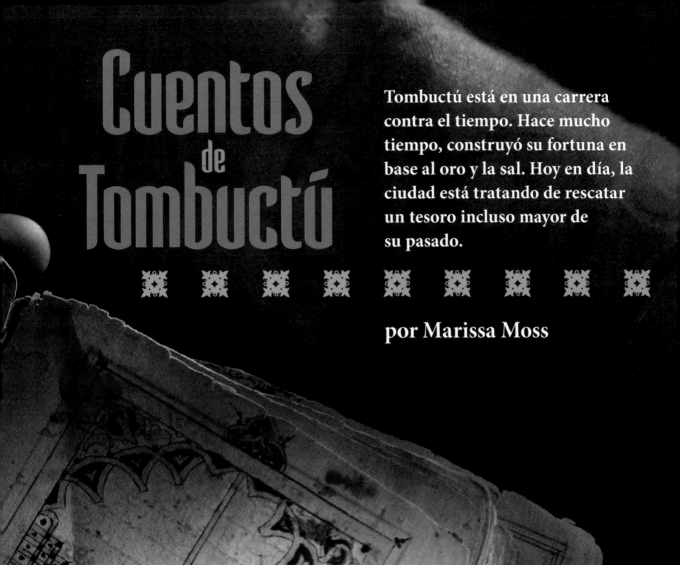

Algunos dicen que Tombuctú es el fin del mundo,

pero no lo es. Está ubicado en el corazón del país de Mali, un lugar en África con una larga historia, rica en cuentos. Las vastas arenas del desierto del Sahara se expanden hacia el Norte. Las sustanciosas aguas del río Nilo fluyen hacia el Sur.

Alguna vez Tombuctú fue la ciudad más dorada de Mali. Ingresa al mercado de Tombuctú hoy y siente el sol caliente. La arena bajo tus pies es gruesa. Observa los edificios bajos, del color de la arcilla. Algunos tienen espirales en punta que se alzan hacia el cielo bañado por el sol.

Pasan caminando mujeres vestidas con faldas brillantes, y tú pasas al lado de canastas llenas de arroz blanco y mijo. Ves tomates rojos y cacahuates dorados, sandalias de hule y cubetas de plástico. Un fuego anaranjado arde en un horno de barro, donde una mujer hornea pan fresco.

Panadera. *Una mujer de Tombuctú hornea pan en un horno tradicional.*

Centro de aprendizaje. *Hace siglos, miles de alumnos estudiaron en la mezquita de Sankore en Tombuctú.*

Dándole vida al pasado

En una parte del mercado, un anciano de edad avanzada se prepara para contar una historia. Te sientas frente a él, mientras se pone de cuclillas y te sirve una taza de té. Él es un *griot*, o un tradicional narrador de cuentos.

Si vivieras en Mali, esta sería una de las maneras en las que podrías aprender sobre tu país. Los griots cantan sobre reyes y magos. Cantan sobre guerras y viajes que ocurrieron en el pasado. La historia ha sido compartida de esta manera en Mali por incontables generaciones.

Este griot ha contado la historia del famoso pasado de Tombuctú mil veces. Escucha mientras él te hace retroceder 700 años, al siglo XIV. El griot comienza de la misma manera que siempre lo hace…

"Hace mucho, mucho tiempo, cuando Mali era un reino poderoso, había un gran rey llamado Mansa Musa. Convirtió a Tombuctú en la Ciudad de Oro. Camina alrededor de Tombuctú hoy y todavía podrás ver la enorme mezquita que construyó el rey. El oro del pasado se ha ido; no obstante, otro **tesoro** permanece."

Rey dorado. *Un mapa de África hecho en España en los años 1300 muestra a Mansa Musa.*

ORO Y SAL

El oro y la sal enriquecieron a Tombuctú. Los mineros excavaban oro de las minas en la parte del sur del Imperio de Mali, y otros trabajadores recogían sal del desierto del Norte. Sacaban bloques de 23 kilogramos (50 libras) de sal desde las profundidades de la arena.

Es fácil comprender por qué el oro era tan valioso, pero, ¿por qué la gente valoraba la sal? He aquí la respuesta: la gente quería la sal porque esta la daba mejor sabor a la comida. También usaban sal para **preservar** los alimentos, haciendo que duren largo tiempo sin pudrirse. En ese entonces, la sal era difícil de encontrar en otras partes del mundo. La gente de Mali incluso usaba la sal como dinero. ¡Alguna vez fue tan valiosa como el oro!

Los comerciantes transportaban oro, sal y otros artículos desde Mali para venderlo en otros lugares. Traían de regreso especies, seda y mucho más.

Tombuctú, donde el desierto se encontraba con el río, estaba en el lugar perfecto para convertirse en el centro de comercio más grande de Mali. Allí se cruzaban las rutas de los comerciantes que viajaban por las rutas del norte hacia Europa y Egipto o por las rutas del sur hacia el océano Atlántico.

Los comerciantes remaban río arriba y río abajo por el río Níger y cruzaban el desierto en caravanas de camellos. El rey cobraba impuestos, o dinero, por todos los artículos que vendían, por lo que el reino se volvió muy rico.

Viajando a Tombuctú. *Esta obra de arte muestra a los exploradores que viajaban a Tombuctú en los años 1800.*

Travesía dorada

El griot continúa con la historia. "Mansa Musa era un hombre sabio y religioso. Hizo un peregrinaje a la Meca, una ciudad sagrada. Viajó con miles de seguidores y un tesoro cargado de oro. Fue con su primera esposa y 500 de sus sirvientes."

"Una fila de 100 camellos se extendía tan lejos como podían ver los ojos, y cada camello cargaba 140 kilogramos (309 libras) de oro. Quinientos sirvientes, cada uno cargando un pesado cetro de oro, seguían a los camellos. Miles de personas comunes caminaban tras ellos. Parecía como si una ciudad entera serpenteara a través del desierto."

Un nuevo tesoro

"La travesía le tomó un año a Mansa Musa. Por donde iba, el rey repartía su oro. Cuando llegó a la Meca, ya no había oro, pero eso no le importó a Mansa Musa. Ahora su nombre era dorado. Cuando la gente oía hablar de Tombuctú, no pensaban en chozas de barro. Se imaginaba una ciudad que brillaba como el oro."

"Mansa Musa repartió su oro, pero trajo consigo un tesoro distinto: el conocimiento. Los camellos cargaban libros de medicina, matemática, leyes y otros temas más. Varios **eruditos** regresaron con el rey. También lo hizo un arquitecto, o diseñador de edificios. Ayudaron a convertir Tombuctú en una ciudad de mezquitas, bibliotecas y escuelas. Había sido un centro de comercio, pero ahora también era un centro de aprendizaje, cultura y religión. Tombuctú verdaderamente era una ciudad dorada", dice el griot.

Recuperando el pasado

Han pasado cientos de años desde que gobernó Mansa Musa. Mali pasó por tiempos difíciles. Las rutas de comercio se mudaron del desierto al océano, y otros países quisieron gobernar a Mali. Algunos iniciaron batallas y causaron grandes **daños**.

En 1960, Mali finalmente se convirtió en un país independiente. Aunque ningún otro país lo controla, hoy en día es una de las naciones más pobres del mundo. Sin embargo, todavía tiene un tesoro invaluable: libros de su pasado dorado.

Muchos de los libros antiguos están forrados en cuero. Algunos están escritos en papel; otros en corteza de árbol o piel de gacela. Muchos están escritos a mano en fluidas letras árabes. Sus páginas están llenas de ideas sobre las estrellas y la matemática, la historia y la religión, y más. Los libros nos permiten comprender el brillante pasado de Tombuctú. Algunas de las ideas de hace cientos de años, como por ejemplo las relacionadas con cómo hacer la paz, pueden ayudarnos actualmente.

Pero estos libros están en peligro. A lo largo de cientos de años, las familias han tratado de protegerlos. Sin embargo, la arena, el clima e incluso las termitas los han dañado. Algunos se desmoronan en bibliotecas privadas y alacenas de cocina, mientras que otros yacen bajo tierra o están escondidos en cuevas. Algunos libros descansan en los portaequipajes de cuero de los nómadas viajeros.

Los científicos están trabajando duro para salvar los libros. Los están preservando cuidadosamente usando escáneres y cámaras especiales para almacenarlos en la computadora, creando una biblioteca digital. Pronto, los eruditos de todas partes podrán ingresar a Internet y aprender sobre el gran pasado de Tombuctú.

Tesoro para llevarse a casa

Antes de irte, el griot comparte contigo un antiguo refrán de Mali: "Para tener éxito necesitas tres cosas: un brasero, tiempo y amigos".

El brasero es una estufa para calentar agua para el té. El tiempo es lo que necesitas para preparar el té y los amigos son lo que necesitas para tomarlo. Si combinas buenos amigos y un buen té, muy pronto aparecerán las buenas historias.

Hoy el griot te contó una historia famosa del pasado dorado de Mali. Los libros antiguos y las computadoras modernas también están ayudando a Mali compartir sus historias con el mundo. Mientras sorbes las últimas gotas de té, pregúntate a ti mismo: ¿Qué historias traeré a casa de Tombuctú?

VOCABULARIO

comerciante: persona que compra y vende artículos

daño: deterioro de las cosas; romper o deteriorar algo

erudito: persona que sabe bastante sobre un tema

preservar: salvar o proteger algo haciéndolo durar más tiempo

tesoro: objetos valiosos

Tesoro invaluable.
Los científicos corren una carrera contra el tiempo para salvar libros preciosos como este.

Protegiendo el pasado.
Los investigadores estudian una imagen computarizada de un libro antiguo.

Nacido para ser griot

POR JANINE BOYLAN

Las naciones están hablando

Los líderes están hablando

Ha llegado el día que esperábamos.

Es por eso que decimos:

Pueblo de esta tierra unida,

¡levántate, levántate con orgullo!

— *Zolani Mkiva*

El griot moderno llamado Zolani Mkiva cantó estas palabras para honrar a un importante líder sudafricano, Nelson Mandela.

Los griots como Mkiva pasan la historia de generación en generación mediante canciones. Estos artistas recogen y comparten historias para preservarlas y también para vincular el presente con el pasado.

Algunas personas piensan que la palabra *griot* viene de una palabra francesa. Otras piensan que viene de una palabra árabe. Otros piensan que debe tener orígenes africanos. Aunque nadie sabe exactamente de dónde proviene la palabra, se ha usado durante siglos para describir a los cantantes de alabanzas de África Occidental.

Cantantes de la historia.
Los griots de Mali usan trajes tradicionales.

Patrimonio familiar

En el pasado, no cualquiera podía ser un griot. Los griots generalmente nacen en una familia de griots. Con frecuencia, los griots se casan con otros griots. ¡Eso significa que muchos griots tienen el mismo apellido!

Sin embargo, el hecho de que un niño nazca en una familia de griots no significa que se convertirá en un griot. Un griot es alguien que tiene el don del canto. Algunos hijos de griots se vuelven griots. Otros hijos de griots escogen otras carreras.

Los griots se consideran una clase especial de personas. Han sido consejeros de confianza de reyes y presidentes africanos. Han instruido a príncipes. Los griots ayudan a negociar y conciliar desacuerdos. También ayudan a enseñar a la gente en la comunidad.

Capacitación

Los griots se entrenan por muchos años. Cuando son niños, los futuros griots aprenden a cantar y tocar instrumentos. Pueden aprender a tocar el laúd, los tambores o el kora, un instrumento tradicional de 21 cuerdas. También aprenden las historias de sus familias y la historia de la comunidad.

Luego, los griots aprendices pueden estudiar al mando de griots mayores. Aquí es cuando perfeccionan su arte.

Algunos griots reconocidos, como Kandia Kouyaté, todavía pasan la mayor cantidad de su tiempo posible con griots mayores para aprender más. "No puedes ser un gran cantante o historiador sin escuchar a los ancianos", explica. "Voy donde ellos para aprender. Les pregunto cosas. Les llevo nueces kola, como es la costumbre entre nosotros. Siempre estoy con ellos, haciendo preguntas".

Respeto para los mayores. *Kandia Kouyaté valora su tiempo con los griots mayores.*

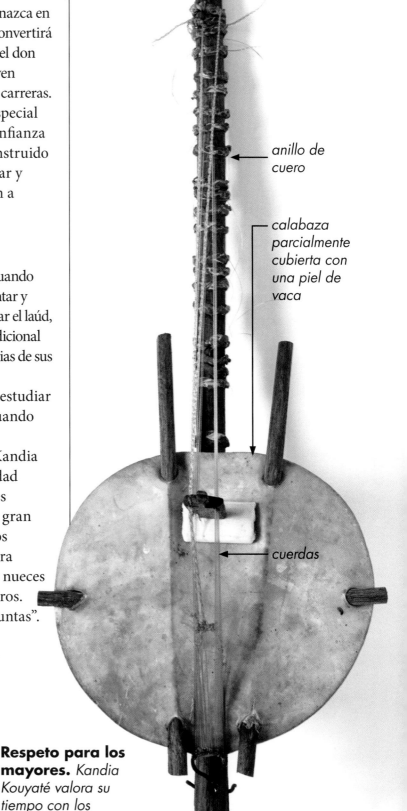

Conexión con el kora. *Con frecuencia, los griots tocan el kora. La gente dice que su sonido es parecido al de un arpa.*

anillo de cuero

calabaza parcialmente cubierta con una piel de vaca

cuerdas

Recompensas

Los griots dedican sus vidas al arte. Además de compartir y preservar las historias, también cantan canciones de alabanza sobre su benefactor, la persona que los cuida. Un benefactor puede ser el jefe del pueblo o una persona de negocios rica. Los griots reciben como pago regalos tales como mantas animales, casas, boletos de avión, automóviles o dinero.

Compartiendo historias. *Los griots mantienen vivo el pasado.*

ESLABÓN WEB

Visita worldmusic.nationalgeographic.com para oír a Kandia Kouyaté y a otros griots.

Responsabilidad

Los griots tienen una gran responsabilidad. Sus canciones registran los nacimientos, fallecimientos y matrimonios de su comunidad. Nos cuentan sobre batallas y cacerías, y pasan los cuentos folclóricos de una generación a otra. La gente del pueblo dependía de un griot para seguir registrando los eventos actuales al mismo tiempo que se preservaba la historia de su comunidad.

Ya que las canciones de un griot preservan esta información esencial, el griot ocupa un lugar muy importante en la comunidad. Los griots reconocen esto y sienten que tienen la gran responsabilidad de decir siempre la verdad.

Zolani Mkiva comprende la responsabilidad. Dice que siempre tiene "que considerar cuidadosamente antes de participar en un evento y con frecuencia investigar el tema en cuestión, [y] quizás preparar un bosquejo específico para un recital".

Nueva canción. *Zolani Mkiva es uno de los griots más jóvenes en Sudáfrica.*

Interpretaciones en el pasado

En el pasado, las canciones de los griots no se grababan. Cada interpretación era única, y los griots inventaban las palabras a medida que las iban cantando. Las historias podían ser contadas una y otra vez, pero se permitía cambiar las palabras reales con cada interpretación.

Los griots en la actualidad

Los griots como Kandia Kouyaté han decidido compartir su arte con el mundo. Dan conciertos en todas partes del planeta. Actúan junto a otros artistas. Cantan diferentes tipos de canciones.

También graban su música. Ya no tendrás que ir a África Occidental para oír a un griot. Sus canciones están a solamente un clic de distancia.

Sonido global. *El músico de kora, Toumani Diabate, interpreta sus canciones por todo el mundo.*

Historias para contar

Escucha mientras los griots cuentan sus historias. Luego, responde estas preguntas.

1. ¿Por qué Tombuctú fue una ciudad importante en el siglo XIV?

2. ¿Qué tesoro trajo el rey Mansa Musa a Tombuctú? Describe cómo lo hizo.

3. ¿Qué ha dañado los libros de Tombuctú? ¿Qué están haciendo los científicos para salvarlos?

4. ¿Cómo aprenden los griots su arte? ¿Cómo cambian los griots su arte para la gente actual?

5. ¿Por qué es importante proteger los libros e historias?